Trouver Une Niche Lucrative Sans Se Tromper:
La Nouvelle Démarche Pour Créer Un Blog Dans Un Marché De Niche Ultra Rentable Et Devenir Riche Du 1er Coup.

TABLE DES MATIÈRES

INTRODUCTION

Félicitations, vous faites maintenant partie de la minorité de gens qui vont connaître une nouvelle démarche prouvée, très facile à mettre en place et redoutablement efficace pour trouver une niche lucrative du premier coup.

Pour réussir à gagner de l'argent sur Internet et vraiment devenir riche, le choix d'une niche qui sera rentable pour vous sur le court et le long terme *-et pas seulement financièrement-* est peut-être le choix stratégique le plus important que vous puissiez faire dans toute votre activité.

La grosse majorité des gens qui démarrent une activité en ligne ne savent souvent pas comment bien choisir leur marché de niche.

Ils partent tête baissée à créer un blog ou plusieurs sites web, à créer de nombreux articles, des produits, à faire de l'animation sur les réseaux sociaux ou encore de la publicité etc., pour se rendre compte au bout de six mois ou parfois deux ans que finalement la niche dans laquelle ils se sont engouffrés n'est pas rentable, et qu'ils doivent tout recommencer.

Par cette méthode, vous aurez l'assurance qu'un tel scénario catastrophe et pourtant fréquent ne vous arrivera jamais.

En effet, pour bien choisir votre marché de niche, il existe un nombre limité de points clés à vérifier, et vous saurez exactement comment faire ça facilement et rapidement à la fin de cet ouvrage, et sans passer des semaines en analyses de statistiques inutiles.

Dans une première partie, vous allez voir ce qu'est vraiment une niche et comment la reconnaître. Vous verrez également quelques principes clés qui vous expliqueront notamment pourquoi choisir un marché de niche en se basant uniquement sur des chiffres et des statistiques est souvent l'une des plus grosses erreurs que vous puissiez faire.

Dans une deuxième partie, vous découvrirez la formule en 7 étapes, appelée "OX7" (vous verrez pourquoi), qui va vous permettre de vous assurer que vous choisissez une niche lucrative dans laquelle vous aurez du succès.

Enfin, la dernière partie vous simplifiera encore plus les choses et vous donnera un plan d'action récapitulatif et pratique pour vous permettre d'appliquer facilement et immédiatement tout ce que vous aurez appris.

Lorsque vous connaîtrez cette démarche, vous pourrez l'appliquer très rapidement pour trouver autant de marchés de niches ultra rentables pour vous, et pour valider si oui ou non vous devez vous engager dans telle ou telle niche.

Ça vous donnera l'assurance que les efforts que vous mettrez à créer votre blog ou votre business Internet porteront leur fruits et vous apporteront le succès que vous désirez, sans avoir à tout recommencer au bout de six mois, un ou deux ans en sortant ruiné et découragé, comme ça arrive hélas trop souvent quand on néglige la sélection d'une niche.

Entrons dès maintenant dans le vif du sujet avec la première partie page suivante.

DÉFINITION D'UNE NICHE ET PRINCIPES CLÉS À SAVOIR

A la fin de cette première partie, vous saurez comment reconnaître une niche et à quoi ce terme correspond exactement.

Vous connaîtrez également des principes clés, et en particulier pourquoi il ne faut surtout pas vous fier seulement à des statistiques et chiffres prometteurs pour choisir un marché de niche (ce que font beaucoup de personnes pour se rendre compte plus tard qu'elles sont bloquées par leur choix).

Qu'est Ce Qu'une Niche

D'après le site dictionary.com, une niche est:

"Un segment distinct d'un marché."

(En anglais: a distinct segment of a market)

Il y a deux mots important dans cette définition: segment et distinct.

Segment signifie qu'il s'agit d'une pièce, d'une partie, d'un sous ensemble d'un marché.

Distinct signifie qu'on peut clairement identifier les personnes qui appartiennent à ce marché.

Voici un exemple de niche:

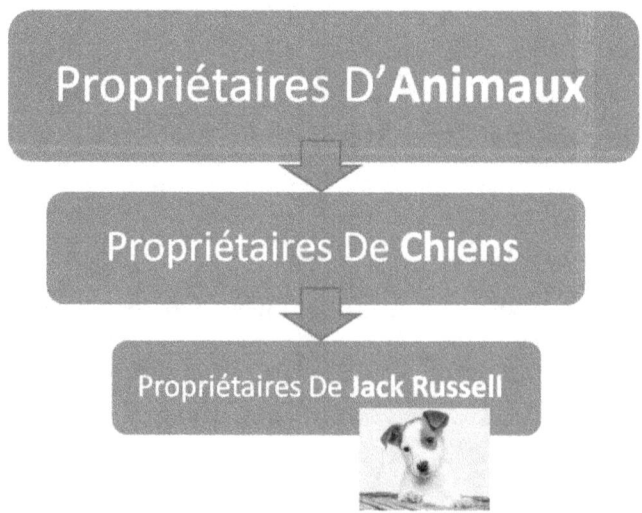

Dans l'image ci-dessus, il y a trois niches.

La première est la niche des propriétaires d'animaux car il s'agit d'un sous-ensemble d'humains qui possèdent un animal.

La deuxième est une niche encore plus ciblée, car elle ne concerne que les personnes du groupe précédent qui possèdent un animal du type chien.

Enfin, la dernière niche est la plus ciblée, car parmi les personnes qui possèdent un chien, elle ne concerne que celles qui possèdent un Jack Russell.

Voici maintenant une question:

Lequel de ces trois groupes est-il selon vous préférable d'essayer d'atteindre?

Si vous pouvez atteindre le groupe le plus distinct, le plus spécifique, le plus ciblé possible, alors vous allez avoir du succès rapidement.

Donc, si vous avez un produit qui peut-être spécifique pour les Jack Russell et que vous approchez les propriétaires de Jack Russell, vous aurez sûrement de meilleurs résultats car les propriétaires de Jack Russell sont passionnés de Jack Russell: ils pensent à eux, ils font leur toilettage, ils les nourrissent etc.

Ainsi, quand vous faites de la publicité et que vous dites *"J'ai un produit spécifique pour les Jack Russell"*, les propriétaires vont forcément être plus attentifs que si vous aviez juste un produit pour n'importe quel chien.

En effet, si vous dites *"J'ai ce produit génial pour les chiens"*, les propriétaires de Jack Russell vont penser: *"Et si c'était juste un produit pour les chiens-loups, les bassets ou les chiwawas? Pas sûr que ce soit juste pour les Jack Russell."*

Si au contraire vous dites que vous avez tel produit pour les Jack Russell, alors là vous aurez leur attention.

Vous voyez l'énorme différence que ça fait?

Principe Clé N°1: Seuls Les Gens Achètent Des Produits

Gardez toujours en tête que les marchés ou les niches n'achètent pas de produits. Ils sont juste constitués de personnes, d'êtres humains.

Donc quand vous faites de la publicité, du marketing de contenu, de l'animation sur les réseaux sociaux tels que Facebook ou Twitter, des webinaires, ou tout type de communication, n'oubliez jamais que ce sont de vraies personnes comme vous et moi qui achèteront vos produits.

Vous devez donc vous adresser à elles, ou du moins leur donner l'impression que c'est à elles que vous parlez en particulier.

Plus la personne qui recevra votre message aura l'impression qu'il s'adresse spécifiquement à elle, plus vous aurez de résultats.

Essayez donc de connaître au maximum le profil de l'acheteur idéal de votre niche quand vous aurez sélectionné celle-ci (son niveau d'éducation, son sexe, son origine ethnique, son âge, son salaire, sa situation familiale, ses loisirs, ses peurs, ses désirs, sa journée type, sa manière de s'habiller, ses croyances etc.).

Plus vous connaîtrez des détails précis sur l'acheteur idéal, plus vous serez efficace dans vos communications car vos propos résonneront en lui, il se sentira bien plus impliqué que si votre message est très général et ne s'adresse à personne en particulier.

Principe N°2:Choisir Sa Niche Uniquement Par Les Nombres Est Souvent Une Enorme Erreur.

Vous l'avez peut-être vu de nombreuses fois.

Beaucoup de gens qui débutent se lancent pour créer un blog ou monter un business sur Internet en se disant:

"Je veux juste cette niche-là, tous les chiffres et toutes les statistiques montrent qu'elle est rentable, et je me fiche pas mal du thème du moment que les chiffres me montrent que je peux gagner de l'argent dedans."

Raisonner de cette manière et choisir votre niche en ne vous basant que sur le seul critère des chiffres prometteurs qu'elle affiche est peut-être l'une des plus grosses erreurs que vous puissiez faire.

Retenez bien ce qui suit: **si vous vous fichez de la thématique de votre niche et de son sujet, alors vous n'apprécierez pas votre travail.**

Vous n'avez bien entendu pas besoin d'être un super passionné de votre niche en y pensant tout le temps dès que vous vous levez, en vous brossant les dents et jusqu'à vous endormir.

Mais le fait est que si vous ne vous sentez pas du tout concerné par le thème de votre niche, alors vous n'apprécierez pas le travail que vous faites et ne prendrez aucun plaisir.

Car ne vous méprenez pas. Créer un blog ou un business en ligne dans le but de gagner de l'argent sur Internet et de devenir riche et indépendant ne va pas se faire en claquant des doigts comme les recettes miracles que certains marketeurs verreux peuvent vous faire croire.

Monter un business sur Internet qui réussi prend du temps et demande du travail. Et si vous choisissez une thématique de niche dont vous n'avez rien à cirer, vous ne tiendrez certainement pas la distance.

Imaginez un peu: vous allez passer du temps à monter un site, vous documenter sur un sujet qui ne vous apporte rien de particulier, vous galérer à écrire des articles où aucune passion ne transparaîtra. Du coup, vos articles seront certainement assez fades et ne résonneront pas chez les gens, ne feront pas vibrer leurs émotions, et du coup vous ne ferez pas de vente.

Et même si vos articles sont passionnants, combien de temps pensez-vous tenir à écrire sur un thème qui vous indiffère?

Si jamais votre business décolle, vous vous retrouverez bloqué dans un créneau que vous n'aimez pas spécialement, parce que vous aurez basé votre choix de niche uniquement sur des chiffres et des données statistiques, et pas sur votre coeur.

Alors quitte à fournir du travail pour réussir en ligne, pourquoi ne pas le faire en faisant quelque chose que vous aimez vraiment?

Ceci termine le premier chapitre et cette première partie de votre formation.

Vous savez désormais définir une niche et vous savez que plus la niche que vous choisirez est spécifique, plus vous aurez de succès rapidement.

Vous avez aussi vu deux principes clés.

Le premier principe vous a fait prendre conscience de l'importance de s'adresser aux gens dans vos communications, car ce sont les gens qui vont acheter vos produits et pas des concepts comme des marchés ou des niches. Plus votre message sera spécifique à l'acheteur idéal, et plus vous augmenterez vos chances de le toucher dans ses décisions d'achat.

Le deuxième principe vous a fait prendre conscience de l'importance de ne pas baser votre choix de niche uniquement sur des nombres, mais aussi sur votre coeur et vos goûts.

Nous intégrerons bien entendu tous ces concepts dans la deuxième partie que vous allez voir tout de suite, et qui va introduire et détailler la formule en sept étapes appelée "OX7", pour trouver une niche lucrative sans vous tromper.

PRÉSENTATION DE LA FORMULE EN 7 ETAPES "OX7" POUR TROUVER UNE NICHE LUCRATIVE SANS VOUS TROMPER.

Dans cette deuxième partie de la formation, vous allez découvrir la formule prouvée en 7 étapes qui va vous assurer de trouver un niche lucrative et avoir du succès dans cette niche sans vous tromper.

Vous verrez qu'elle est très facile à mettre en application, et redoutablement efficace.

Elle consiste en cette équation simple:

$$OX7 = Succès$$

Ou:

$$Oui \times 7 = Succès$$

En d'autres termes, si vous répondez par "Oui" aux 7 questions des étapes qui vont suivre, alors vous avez la garantie que vous trouverez une niche lucrative dans laquelle vous rencontrerez le succès.

C'est aussi simple que ça, et la démarche est très agréable et redoutablement efficace.

Lorsqu'il y aura besoin, des ressources et des outils seront mentionnés afin de vous permettre d'obtenir la réponse "Oui" ou "Non" à certaines de ces questions très rapidement.

Commençons tout de suite par la première question.

ETAPE 1: LE MARCHÉ DE NICHE EST-IL "AFFAMÉ"?

Les 2 Ventes Que Vous Voulez A Tout Prix Eviter.

Lorsque vous vendez des choses sur Internet, vous ne devez surtout pas vous mettre dans un marché de niche qui vous oblige à faire deux ventes:

La première vente est de persuader les gens qu'ils veulent avoir ce type de d'information, de produit ou de service.

La deuxième vente est de les persuader que votre information, produit ou service et le meilleur qu'ils puissent trouver.

Vous ne devez pas avoir à faire ça, c'est beaucoup trop de travail et d'efforts.

Ce que vous voulez à la place, c'est de trouver un marché de niche affamé, c'est-à-dire un marché de niche composé de **personnes qui veulent déjà ce que vous avez à offrir**.

Les personnes de cette niche doivent avoir un besoin spécifique existant, un problème commun auquel ils veulent à tout prix trouver une solution.

Plus ce problème sera important, plus votre solution sera recherchée, et plus vous pourrez ainsi la vendre cher.

On peut classer les problèmes en deux catégories principales:

Les Problèmes Majeurs.

Ce sont tous les problèmes qui empoisonnent la vie de vos clients et qui leur «pourrissent» la vie.

Parmi les problèmes majeurs on trouve les problèmes de surendettement, les problèmes de couple, les problèmes de poids, les problèmes de santé, les problèmes de tabagisme etc.

Les solutions qui résolvent ce genre de problèmes changent littéralement la vie de vos clients, qui pour le coup sont prêts à payer très cher.

Ces solutions sont donc de loin les plus rentables, mais en revanche vous devrez faire face à une concurrence très rude mais pas insurmontable (on verra la question de la concurrence plus tard).

Les Problèmes Secondaires.

Ce sont les problèmes moins importants à résoudre et qui sont liés à un désir secondaire.

Par exemple: apprendre à nager, jouer du piano, utiliser un logiciel de design etc.

Les solutions qui résolvent ce type de problèmes sont moins rentables que celles qui répondent à un problème majeur, mais vous pourrez distancer beaucoup plus facilement vos concurrents si votre marketing est bien conçu.

Par ailleurs, je vous conseille vivement de trouver un problème qui n'est pas lié à un effet de mode passager mais qui restera toujours vrai sur le long terme.

Ça vous assurera que votre solution se vendra toujours aussi bien dans cinq ou dix ans car le besoin sera toujours existant.

En effet, vous avez plus de chances de vendre longtemps une méthode pour apprendre la guitare plutôt qu'une méthode pour comprendre les dernières fonctionnalités du téléphone portable dernier cri.

La première méthode ne se démodera jamais et vous continuerez à la vendre même dans trente ans, alors que la deuxième sera obsolète au bout de six mois et vous ne vendrez alors presque plus rien.

Alors vous vous demandez peut-être comment savoir si un marché de niche est affamé ou pas?

C'est ce que nous allons voir en page suivante

Comment Savoir Si Un Marché De Niche Est Affamé En Moins De 5 Minutes.

Pour savoir si un marché de niche est affamé ou pas, il n'y a pas besoin de passer des semaines ou des mois à récolter toutes sortes de données statistiques ou preuves chiffrées.

C'est bien souvent une perte de temps, et il suffit de faire une simple approche de recherche pratique et de bon sens pour avoir rapidement la réponse à cette question, en moins de 5 minutes.

Il y a pour ça deux moyens de le vérifier.

Le premier, c'est de savoir s'il y a déjà des produits qui sont vendus dans ce marché de niche.

Si c'est le cas, c'est donc qu'il y a bien un besoin, un problème que les gens ont actuellement dans cette niche et qui demande une solution.

Pour ça, vous pouvez vous rendre par exemple sur les différentes plateformes d'affiliation telles que Clickbank, JVZoo, CJ Affiliate ou encore Share a sale, et regarder si des produits existent dans votre marché de niche et si ils se vendent, à l'aide des indicateurs mis à votre disposition sur ces plateformes.

Vous pouvez aussi regarder s'il y a des programmes d'affiliation qui vous sont proposés dans cette niche en faisant une recherche rapide sur Google.

Le deuxième moyen, c'est de regarder s'il y a des publicités faites pour vendre des choses dans ce marché de niche. Si des marketeurs payent pour diffuser des publicités, ça veut donc bien dire qu'ils attendent un retour sur investissement et donc que les gens de votre marché de niche ont un besoin ou un problème qui demande une solution.

Pour ça, c'est très simple. Il suffit d'aller sur Google et de taper un mot clé du marché de niche auquel vous pensez. Regardez s'il y a des publicités sponsorisées qui s'affichent tout en haut de votre recherche et sur le côté droit de votre recherche. Regardez aussi sur les réseaux sociaux comme Facebook si des publicités liées à ce marché de niche s'affichent. Y-a-t-il des articles, des bannières publicitaires sur des blogs ou des forums liés à votre thématique qui font la promotion d'un produit destiné à votre marché de niche?

Ces deux moyens vous permettent de faire une recherche marketing basée sur le bon sens, et sont hyper efficaces pour savoir en moins de 5 minutes si votre marché de niche est affamé ou pas.

Ceci termine cette première étape.

Pour la résumer, demandez-vous si le marché de niche auquel vous pensez est affamé. En d'autres termes, demandez-vous si les gens de votre marché de niche veulent déjà ce que vous avez à leur offrir. Demandez-vous s'ils ont déjà un ou plusieurs problèmes majeurs ou secondaires dans ce marché de niche auxquels ils cherchent actuellement une solution (que vous allez leur apporter).

Pour déterminer si un marché de niche est affamé en moins de cinq minutes, vous avez deux moyens hyper efficaces.

Le premier consiste à vous assurer qu'il y a bien des produits qui sont vendus actuellement dans votre marché de niche, par exemple en regardant les produits disponibles sur les plateformes d'affiliation.

Le deuxième consiste à regarder s'il y a bien des publicités qui sont diffusées actuellement pour vendre des choses dans votre marché de niche, par exemple en regardant les publicités qui s'affichent sur Google en tapant un mot-clé de votre niche dans la barre de recherche.

Alors, votre marché de niche est-il affamé, oui ou non?

ETAPE 2: LE MARCHÉ DE NICHE EST-IL ASSEZ GRAND?

Pourquoi Votre Niche Doit Etre Suffisamment Grande.

La question de savoir si le marché de niche est assez grand peut peut-être vous surprendre vu qu'on a parlé au début de cet ouvrage de l'intérêt d'avoir des petites parties d'un marché, comme dans l'exemple du marché de niche des propriétaires de Jack Russell.

Ça reste bien entendu toujours vrai, seulement voilà.

S'il n'y avait que 14 propriétaires de Jack Russell dans ce marché de niche en France ou dans votre zone géographique spécifique dans le monde, ça serait un marché où il serait très difficile de vraiment gagner de l'argent avec.

Au mieux, vous feriez 14 ventes, en considérant qu'il n'y a aucune concurrence et que tout le monde achète, et ce n'est pas comme ça que vous allez devenir riche.

Ainsi, peu importe le marché de niche que vous choisirez, qu'il s'agisse d'un sous groupe de personnes ou d'un plus grand groupe de personnes, il faut que le marché de niche soit assez grand avec un nombre de personnes suffisant pour faire un volume de ventes important et qui durera dans le temps.

Rappelez-vous que vous êtes ici pour gagner de l'argent.

Il avait été demandé à une personne travaillant dans le développement personnel comment elle se sentait d'avoir un business dont le but principal était d'aider les autres à grandir et réussir.

Et elle a répondu qu'au delà du sentiment de joie et d'accomplissement que ça lui procurait, sont but principal était de faire du profit, car si elle ne faisait pas de profit, elle ne pourrait pas continuer à aider les gens.

Assurez-vous donc d'avoir un nombre suffisant de personnes dans votre marché de niche pour supporter et couvrir vos coûts de publicité et de développement.

Vous avez en effet besoin de ventes rapides et régulières, et un large marché signifie que vous trouverez des acheteurs plus facilement.

A la page suivante, vous verrez comment vous pouvez avoir des données très rapides pour évaluer la taille de votre marché.

Comment Savoir Si Votre Marché De Niche Est Assez Grand.

Voici quelques moyens et outils pour évaluer si votre marché de niche est assez grand.

Keyword Planner:
Un bon moyen pour savoir si un marché de niche est suffisamment grand est d'utiliser l'outil gratuit Keyword Planner de Google Adwords (https://adwords.google.fr/KeywordPlanner).

Si vous avez un minimum d'expérience dans le marketing Internet, alors vous connaissez probablement déjà très bien cet outil et vous l'utilisez peut-être déjà depuis longtemps. Ce n'est donc pas le but de cet ouvrage de faire une formation sur le Keyword Planner (vous en trouverez des milliers très bien faites sur Youtube).

Le but ici est juste de rappeler que cet outil existe, et que c'est un excellent moyen gratuit pour vous permettre de connaître le nombre mensuel de fois où les internautes vont rechercher un mot-clé ou une expression sur Google.

Vous pouvez cibler cette recherche sur le monde entier, sur un seul pays, une ville donnée ou même une langue donnée.

L'idée est de taper le mot-clé principal du marché de niche auquel vous pensez, et de voir le nombre de recherches mensuelles.

A nouveau, la taille de votre niche doit être suffisamment grande pour supporter et couvrir vos coûts de publicité et de développement, aussi bien à court terme qu'à long terme.

Il est difficile de donner un nombre exact de recherches mensuelles à partir duquel on peut considérer un marché de niche comme étant assez grand.

Ça dépend de nombreux facteurs comme le prix de votre produit, son coût de fabrication, l'importance de la concurrence, vos dépenses en publicité etc.

Mais d'une manière générale dans la plupart des cas, si le nombre de recherches mensuelles -par exemple en France- sur le mot clé principal de votre marché de niche ne dépasse pas quelques centaines, alors réfléchissez bien avant de considérer ce marché.

Un nombre de recherches mensuelles commence à devenir intéressant à partir de plusieurs milliers, idéalement à partir de 8000-10000.

Une fois que vous avez fait la recherche sur le mot-clé principal et si vous jugez que le nombre de recherches mensuelles est insuffisant mais que vous voulez tout de même vous engager dans cette niche, vous pouvez si vous le souhaitez raffiner cette recherche.

Pour ça, vous pouvez ajouter des mots-clés secondaires en tapant des expressions, en rajoutant des détails au mot clé principal, ou en tapant des synonymes du mot-clé principal qui ciblent cette même niche.

Par exemple si votre mot clé principal est "apprendre la guitare" et que ce mot clé principal ne vous donne pas assez de recherches mensuelles pour vous engager dans ce marché de niche, alors vous pouvez rajouter des mots-clés secondaires comme:

- Comment apprendre la guitare
- Apprendre la guitare facilement
- Apprendre la guitare sur Paris
- Apprendre la guitare en ligne
- Apprendre la gratte
- Etc.

Autre exemple, si votre mot-clé principal est "natation" et qu'il ne vous donne pas un nombre de recherches mensuelles suffisant, alors vous pouvez voir si les gens ne tapent pas d'autres mots clés secondaires qui se rapportent à cette niche:

- Savoir nager
- Comment bien nager
- Nager en crawl
- Accessoires de natation
- Etc.

Vous pourrez alors additionner les nombres de recherches mensuelles de ces différents mots-clés supplémentaires pour voir si avec eux, votre niche atteint une taille suffisante qui vous permette de vous y engager.

Google Trends:
Un autre bon moyen complémentaire pour vous assurer que votre idée de produit n'est pas qu'un effet de mode et

que le besoin sera durable consiste à utiliser l'outil Google Trends (https://www.google.fr/trends/).

Cet outil vous permet d'avoir un historique du nombre de recherches effectuées sur un mot-clé donné.

Vous pouvez ainsi voir si le marché est constant ou augmente dans le temps ou bien s'il est lié à un effet de mode éphémère qui ne durera pas ou qui décroît.

Sites d'autorité, blogs, réseaux sociaux, forums:
Enfin, vous pouvez vérifier s'il y a de l'activité et des discussions dans votre marché de niche sur Internet. Y-a-t-il des sites d'autorité, des blogs, des groupes ou pages Facebook, des forums qui parlent de votre marché de niche? Quand vous tapez un mot-clé dans un moteur de recherche, y-a-t-il beaucoup de pages proposées sur le thème de votre marché de niche?

Ceci termine la deuxième étape. Vous savez maintenant que votre marché de niche doit être suffisamment grand afin de couvrir vos frais de publicité et vos divers autres coûts, et afin de pouvoir vendre suffisamment pour faire des profits intéressants sur le court terme mais aussi sur le long terme.

Vous connaissez également les moyens et outils qui vous permettent rapidement de savoir si votre marché de niche est suffisamment grand ou pas.

Alors votre marché est-il suffisamment grand: Oui ou non?

ETAPE 3: LES ACHETEURS VONT-ILS ACHETER EN LIGNE?

Certaines choses sont difficiles à vendre en ligne. Ce que vous voulez, c'est bien entendu que les gens sortent leur carte de crédit et achètent votre produit, mais selon le type de produit, ça peut-être plus dur que d'autres.

Ce qu'il faut retenir, c'est qu'**ils doivent avoir envie d'acheter en ligne, et pas seulement de faire des recherches sur Internet**. Cette distinction est très importante.

Ils doivent vouloir conclure la vente, acheter des choses en ligne, et pas juste récolter des informations.

Voici quelques exemples pour illustrer cette question.

Exemple 1:
Des gens achètent des maisons ou des appartements toute la journée, mais effectuent d'abord leur recherche sur Internet. Ils vont regarder les différents coins qui existent, comparer les différentes agences et annonces, utiliser Google Maps pour zoomer sur les maisons qu'ils ont repérées pour voir la couleur du toit ou s'il y a assez d'arbres dans le jardin etc.

Par contre, très peu vont faire la transaction entière sur Internet, ils font juste leurs recherches.

Exemple 2:
C'est la même chose pour les voitures. Les gens vont comparer sur Internet les différentes voitures ainsi que leurs caractéristiques et leurs prix. Celle-ci n'a trois portes,

l'autre est plus confortable pour y mettre les enfants, celle-là consomme moins etc. Ils vont aussi comparer les différents sites de vente de voiture entre eux et voir les prix pour un même modèle en neuf ou en occasion, etc.

Lorsqu'ils ont fait leur choix, ce n'est pas sur Internet qu'ils vont sortir leur carte de crédit pour faire leur achat. Ils vont se déplacer jusqu'à l'agence et vont signer un contrat, sur papier.

Exemple 3:
Les produits qu'on trouve généralement dans les épiceries sont également dans ce cas, et très peu de gens vont les acheter en ligne. Ils vont directement se déplacer dans leur boutique locale au coin de la rue, c'est plus rapide.

Exemple 4:
Les maillots de bains ne se vendent que très peu en ligne. Ça peut sembler bizarre du fait que le net pullule de sites de vêtements en ligne, mais le fait est que pour les maillots de bains en particulier, les gens ont du mal à les acheter en ligne. La raison est qu'on veut en général que notre maillot de bain nous aille parfaitement, qu'il ne nous serre pas trop au niveau de la taille, des cuisses ou de la poitrine, qu'il n'y a pas de coutures mises au mauvais endroit etc. Et pour ça, beaucoup de personnes préfèrent directement aller l'essayer en magasin plutôt que de commander leur maillot en ligne.

Exemple 5:
C'est la même chose pour les chaussures pour enfants. Il faut que les chaussures lui aillent parfaitement sans lui serrer ou faire mal aux pieds. Il est délicat de choisir des chaussures pour enfant car on ne sait pas vraiment

comment l'enfant va les ressentir. C'est la raison pour laquelle les gens n'achètent pas ce genre d'article sur Internet. Ils veulent éviter les allers-retours de modèles non adaptés à leur enfant et ils préfèrent directement amener leur fils ou leur fille dans un magasin et lui faire essayer les modèles.

Vous voyez que les exemples ne manquent pas, et vous devez être vigilants par rapport à ça.

Assurez-vous donc que vous atteignez des gens qui vont acheter sur Internet ce que vous allez vendre en ligne.

ETAPE 4: POUVEZ-VOUS ATTEINDRE VOS ACHETEURS?

Trouver un marché de niche qui répond aux trois premières questions, c'est-à-dire un marché qui est affamé, suffisamment grand et qui achète en ligne est totalement inutile si vous ne pouvez pas atteindre vos acheteurs.

Parfois, il n'est pas possible d'atteindre vos acheteurs pour diverses raisons: soit vous n'avez pas les moyens tels que l'argent nécessaire ou le savoir faire pour les atteindre.

Pourtant, la clé pour vendre des choses en ligne est d'être capable d'attirer à vous les gens qui veulent avoir ce que vous avez à offrir.

Vous ne pouvez pas forcer qui que ce soit à faire des choses contre son gré, et vous ne pourrez pas conclure de ventes en utilisant des moyens douteux.

Ce que vous pouvez faire est d'attirer les gens à vous et dire: "voilà ce que j'ai à vous offrir". Si ce que vous proposez résonne en eux et s'ils croient que vous êtes sincère, alors ils achèteront.

Mais si vous n'avez pas les moyens de les atteindre, alors vous ne pourrez rien leur vendre.

Par exemple, admettons que vous souhaitiez atteindre les ingénieurs chimistes des Etats-Unis, regardez ci-dessous combien peut vous coûter le fait d'obtenir les emails professionnels des ingénieurs chimistes abonnés au magazine d'ingénierie chimique "Chemical Engineering Magazine":

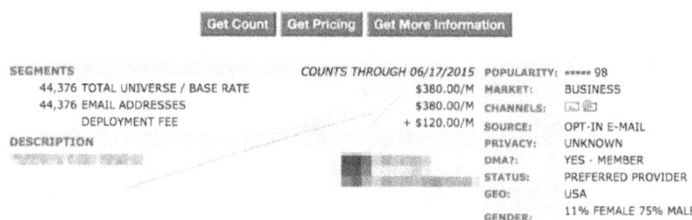

Chemical Engineering Magazine Business Email List Mailing List

Published by ▒▒▒▒▒▒▒▒▒ The Chemical Engineering Magazine Business Email List allows marketers to reach chemical engineers, technical managers, and more in the chemical process industry (CPI). Email your marketing offers directly to the inboxes of Chemical Engineering magazine subscribers actively engaged in engineering, research and development, design, and manufacturing processes within the industry.

[Get Count] [Get Pricing] [Get More Information]

SEGMENTS	COUNTS THROUGH 06/17/2015		
44,376 TOTAL UNIVERSE / BASE RATE	$380.00/M	POPULARITY:	★★★★★ 98
44,376 EMAIL ADDRESSES	$380.00/M	MARKET:	BUSINESS
DEPLOYMENT FEE	+ $120.00/M	CHANNELS:	📧📧
DESCRIPTION		SOURCE:	OPT-IN E-MAIL
▒▒▒▒▒▒▒▒		PRIVACY:	UNKNOWN
		DMA?:	YES - MEMBER
		STATUS:	PREFERRED PROVIDER
		GEO:	USA
		GENDER:	11% FEMALE 75% MALE

La flèche en jaune indique qu'il vous faut débourser pas moins de 380 dollars pour avoir 1000 adresses emails professionnelles d'ingénieurs chimistes, ce qui n'est vraiment pas à portée de toutes les bourses.

Maintenant, il est possible que vous ayez un produit qui a un coût élevé, un fort taux de conversion et qui soit spécifique pour les ingénieurs chimistes.

Dans ce cas, vous pouvez facilement vous permettre de dépenser 380 dollars pour avoir ces 1000 adresses email, et même beaucoup plus que ça en rajoutant encore de l'argent.

Mais attention, car avoir 1000 adresses emails pour 380 dollars ne va pas signifier que ces emails seront ouverts ou que les ingénieurs chimistes vont cliquer sur vos liens.

Vous devez donc trouver la bonne formule pour que ça fonctionne, car 380 dollars pour seulement 1000 emails, ça reste tout de même très cher.

Selon le marché de niche auquel vous pensez, assurez-vous donc que vous serez en mesure d'atteindre les acheteurs de ce marché de niche avant de vous lancer dedans.

ETAPE 5: Y-A-T-IL DES CONCURRENTS DOMINANTS?

David contre Goliath a été un combat qui n'a duré qu'une seule fois. Faites attention à propos de ce type de choses.

Il est certes important de croire que vous êtes capable d'accomplir l'impossible et de déloger n'importe qui, mais il est aussi important d'utiliser votre bon sens.

Ne vous méprenez pas, le fait qu'il y ait de la concurrence est une excellente chose à la base. C'est une preuve que le marché de niche auquel vous pensez est dynamique.

D'ailleurs, pour faire une petite parenthèse, vous pouvez utiliser également l'outil de Google Keyword Planner vu à l'étape 2 (qui a permis de savoir si votre marché de niche est suffisamment grand) afin d'avoir aussi une idée de la concurrence.

Pour chaque mot-clé que vous avez tapé, l'outil vous donne en effet une idée de la concurrence (une colonne indique si la concurrence est faible, moyenne ou forte).

Bien entendu, l'idéal est de trouver des mots-clés que les internautes cherchent beaucoup et qui n'ont pas ou très peu de compétition.

Cela dit, ces «pépites» d'or sont très rares à dénicher.

Vous pourrez donc vous contenter de trouver des mots-clés ou expressions qui sont très recherchés et où la concurrence est moyenne.

Mais d'une manière générale, avoir de la concurrence est plutôt un indicateur positif et un très bon signe d'une niche dynamique et rentable.

Ce qu'il vous faut éviter ici à tout prix, c'est de tomber dans une niche où il y a des concurrents dominants.

Par exemple aux Etats-Unis, dans le marché de niche des studios de cinéma, il y a 6 acteurs qui possèdent 87% du marché. De la même manière, il n'y a que très peu d'options pour avoir une connexion Internet à grande vitesse, et il y a 4 grands acteurs qui contrôlent 89% du marché des téléphones portables.

Pour la plupart d'entre vous la question de savoir s'il y a des concurrents dominants ne va pas être un problème, mais ça vaut toujours la peine de savoir à qui on a vraiment affaire pour ne pas avoir de mauvaises surprises après.

Vous ne voulez en effet pas dépenser des milliers d'heures et d'euros pour entrer dans une niche correctement, pour ensuite découvrir plus tard que vous avez d'énormes concurrents qui dominent déjà tout.

Pour résumer cette quatrième étape, utilisez donc l'outil Keyword Planner pour choisir les marchés de niche où les mots clés sont très recherchés (ce que vous savez déjà grâce à l'étape 2) et où la concurrence est faible ou moyenne. Pour ça, profitez aussi de l'étape 2 pour regarder en même temps le niveau de concurrence sur les mots-clés que vous tapez, et retenez les marchés de niche ayant le meilleur compromis entre nombre de recherches mensuelles et niveau de concurrence.

Assurez-vous également et surtout qu'il n'y a pas de concurrents dominants dans les marchés de niche dans lesquels vous pensez à vous engager.

Y-a-t-il des concurrents dominants: Oui ou non?

ETAPE 6: POUVEZ-VOUS AIDER VOS ACHETEURS?

La Clé Du Succès Est De Délivrer Des Solutions

Cette question est vraiment le point clé de la partie.

Etre capable de donner aux gens un coup de main, les aider à aller de là où ils sont actuellement vers là où ils veulent être, est vraiment le point crucial pour réussir. C'est la condition vitale par laquelle vous commencerez vraiment à voir les choses prendre forme, et le succès arriver.

Zig Ziglar a jadis dit:

> *"Vous pouvez avoir tout ce que vous voulez dans la vie si vous aidez assez de gens à obtenir ce qu'ils veulent."*

La ligne sous-jacente du succès est de délivrer des solutions. Vous devez être capable de délivrer aux gens de votre marché de niche les solutions qu'ils veulent.

Les solutions que vous pouvez apporter sont matérialisées par une ou plusieurs de ces trois choses: soit par de l'information, soit par des produits, ou soit par des services.

C'est la raison pour laquelle le marketing de contenu est si puissant car les gens veulent de l'information qui va leur apporter la solution à leur problème.

C'est la raison pour laquelle les produits en ligne sont si puissants parce que les gens veulent une solution immédiate qu'ils peuvent acheter 24h/24, et la mettre en application tout de suite.

C'est la raison pour laquelle les services sont si puissants en ligne parce que les gens n'ont pas le temps de faire les choses par eux-mêmes. Ils veulent que ce soit vous qui les fassiez à leur place pour leur apporter la solution à leur problème. C'est pourquoi le fameux marché DFY ou "Done For You" (en français: "fait à votre place") est si colossal.

C'est pour ça que l'information, les produits et les services sont les choses qui se vendent si bien en ligne.

Alors posez-vous cette cinquième question: pouvez-vous aider vos acheteurs et leur apporter des solutions à leurs problèmes sous forme d'information, de produits ou de services?

Si vous vous dites que non parce que vous n'êtes pas du tout un expert dans le marché de niche dans lequel vous pensez vous engager, alors attendez un peu avant d'être si catégorique.

J'ai en effet une excellente nouvelle pour vous: **vous n'avez pas besoin d'être un expert pour vendre des choses en ligne**.

Voici pourquoi en page suivante.

Pourquoi Vous N'Avez Pas Besoin D'Etre Un Expert Pour Réussir Dans Votre Niche

Beaucoup de gens se disent:

"J'aimerai bien m'engager dans ce marché de niche en particulier, mais je n'y connait pas grand chose. J'aime cette niche, elle m'intéresse vraiment, je suis prêt à travailler et m'y investir autant qu'il le faut, mais je ne suis pas un expert."

Voici ce que vous devez savoir: vous n'avez pas besoin d'être l'expert de votre niche.

C'est probablement le mythe n°1 qu'on retrouve le plus fréquemment dans marketing de niche. Tant de personnes freinées par une fausse croyance comme celle-ci, c'est vraiment dommage.

Au lieu de vous dire en reprenant l'exemple de la première partie de cet ouvrage _"Je ne peux pas m'engager dans le marché de niche des Jack Russell car je ne connais rien aux Jack Russel",_ dites-vous ceci:

En réalité, les gens se fichent en général pas mal que vous soyez connu ou pas. Ce qui les intéresse avant tout, c'est d'avoir une solution concrète, qui leur permette de résoudre leur problème spécifique. Après, que cette solution leur soit délivrée par le Pape, une rock star internationale ou quelqu'un d'autre leur importe peu.

Donc, si vous êtes capable de résoudre les problèmes des propriétaires de Jack Russell, alors vous avez les bases pour faire du business avec succès dans cette niche.

Mais par contre, vous avez besoin de posséder au minimum une ou plusieurs des cinq choses de la checklist "Est-ce que vous possédez...", qui constitue la question de l'étape suivante, et que nous allons voir tout de suite.

ETAPE 7: EST-CE QUE VOUS POSSÉDEZ...?

Rappelez-vous ce qui a été dit précédemment: vous avez juste besoin de posséder une des cinq choses suivantes de la checklist que vous allez découvrir, et vous n'avez pas besoin de posséder les cinq.

Evidemment, plus vous en possédez et mieux c'est, mais posséder une seule de ces choses est suffisant pour créer un business solide.

Si vous avez une de ces cinq choses, alors vous êtes en excellente position pour trouver une niche qui sera lucrative pour vous.

Nous allons détailler ces cinq choses dans les pages qui suivent.

1- L'Experience

Avez-vous de l'expérience dans la niche qui vous intéresse? Il y a malheureusement beaucoup de gens dans la vie qui rabaissent l'expérience qu'ils ont.

Voici par exemple le cas d'une femme qui avait cinq enfants et une vingtaine de grand-enfants, à qui une question lui a été posée concernant ses compétences parentales.

Elle s'est contentée de dire:

"Je suppose que je sais ce que je fais et que je n'ai pas trop fait d'erreurs, mes enfants ont bien tourné et évolué, mes grands-enfants également."

Cette femme était en train de minimiser l'expérience absolument remarquable qu'elle avait en tant que parent.

Il y a des tonnes de livres achetés et lus chaque année pour être un bon parent. Cette femme était elle aussi complètement qualifiée dans cette compétence de parent, mais elle ne la mettait aucunement en valeur.

Pensez maintenant à votre propre expérience lorsque vous choisissez une niche.

Ne choisissez pas une niche en vous disant: *"Est-ce que j'ai de l'expérience?"*, pensez au contraire d'abord à l'expérience que vous avez dans différents domaines, puis choisissez votre niche en fonction de votre expérience.

Prenez 15 à 20 minutes pour écrire tout ce que vous avez fait dans votre vie, tout ce que vous connaissez et que vous pouvez apprendre votre fils ou votre fille à faire de la bonne façon.

Ça peut souvent être le point de départ d'une expérience remarquable sur Internet pour vous.

2- La Passion

Avez-vous une passion? Quelles sont les choses qui vous font vibre et qui vous passionnent au plus haut point?

La réponse à cette question peut souvent être le moyen pour vous de trouver la niche dans laquelle vous allez travailler, ce qui peut se transformer en véritable bénédiction pour vous.

3- L'Intérêt

Qu'est ce qui vous intéresse? Pour quels domaines éprouvez-vous de l'intérêt?

Certaines personnes n'ont pas à proprement parler de véritable passion en dehors de leur famille ou des choses qui comptent réellement à leurs yeux.

En revanche, ils vont avoir des domaines, des choses pour lesquelles elles éprouvent de l'intérêt, sans pour autant que ce soit vital ou que ça les fasse profondément vibrer.

Et trouver quelque chose qui vous intéresse peut aussi souvent révéler la niche qui est la mieux pour vous.

4- La Recherche

Etes-vous doué pour faire des recherches?

Certaines personnes ont des talents hors pair pour mener des recherches efficacement.

En effet, certains arrivent à trouver en cinq minutes ce que la majorité des gens va mettre deux heures ou plus à trouver. Ces personnes ont un talent pour utiliser Google et les autres moteurs de recherche, pour trouver les choses que les autres n'arrivent pas à dénicher.

Donc si vous avez un talent pour faire des recherches, ça peut être une base absolument remarquable pour trouver une niche particulière.

5- L'Accès Aux Experts

Avoir un accès à des experts dans un marché de niche particulier peut s'avérer être un modèle de business extrêmement lucratif, qui est utilisé par un certain nombre de marketeurs en ligne.

Il suffit d'interviewer par exemple cinq experts, et de créer un produit d'information à partir de leurs interviews, par exemple une série de vidéos sous forme de téléséminaire, un livre ou encore un produit audio.

Beaucoup de gens ont beaucoup plus facilement accès à des experts qu'ils ne le pensent. Le problème est qu'ils ne le leur demandent pas ou n'osent pas le leur demander.

Ainsi, si vous avez accès à des experts dans leur domaine, vous pouvez les interviewer et créer un produit d'information ou tout type de marketing de contenu.

Si certaines personnes pensent que ce modèle ne fonctionne pas, alors il suffit de regarder la méthode de la présentatrice star de la télé américaine Oprah Winfrey pour avoir la preuve du contraire.

Oprah Winfrey est en effet partie de rien et a progressivement bâti sa fortune uniquement en interviewant des experts.

Quand on y pense, en quoi Oprah Winfrey est-elle experte? Elle ne connaît certes pas grand chose dans des domaines pointus comme la chirurgie ou les hautes technologies, mais en revanche elle est certainement experte pour interviewer les gens, créer des connexions etc.

Même si ce n'est pas à une échelle aussi grande qu'Oprah Winfrey, vous pouvez également faire la même chose en ayant accès à des experts.

Ceci termine cette septième étape qui vous a permis de connaître la checklist capitale de cinq choses à posséder, et il vous faut posséder au minimum une de ces choses-là pour être en position de bâtir un business solide dans le marché de niche dans lequel vous pensez vous engager.

Comme vous l'avez vu, ces cinq choses sont beaucoup plus qualitatives et ne consistent pas en des analyses de chiffres et de statistiques.

Vous devez bien évidemment aussi considérer tous les autres chiffres et données statistiques telles que le nombre de recherches mensuelles des mots-clés principaux et secondaires, ou le nombre de personnes qui font de la publicité sur Google en PPC (Pay Per Clic) dans votre marché de niche. Cette analyse est indispensable.

Mais si vous ne vous contentez que de faire une analyse chiffrée et que vous ne possédez aucune des cinq choses qu'on vient de voir dans cette checklist, alors il y a de fortes chances que vous vous mentiez à vous-même.

C'est pourquoi, comme nous allons le voir dans le plan d'action qui va suivre, mon meilleur conseil est que vous commenciez d'abord par cette checklist de l'étape sept. Ensuite, une fois que vous avez dressé une liste de marchés de niche, alors vous pourrez répondre aux questions des autres étapes.

Ceci termine également la formule et vous connaissez les sept étapes de cette formule qui vont vous permettre de trouver une niche lucrative sans vous tromper.

Nous allons dans une dernière partie voir un plan d'action pour récapituler et simplifier toute la démarche que l'on vient de voir pour trouver votre marché de niche lucratif.

PLAN D'ACTION RÉCAPITULATIF

Vous venez de voir dans les parties précédentes la formule en sept étapes qui, si vous l'appliquez et répondez par "oui" aux sept questions, va vous permettre de trouver un marché de niche lucratif en vous donnant l'assurance de ne pas vous tromper et de ne pas vous rendre compte au bout de un ou deux ans que vous avez finalement choisi une niche qui ne vous rapporte rien ou que des miettes.

Voyons voir maintenant un plan d'action qui va récapituler rapidement cette formule et ces sept étapes, afin de vous simplifier les choses.

Comme on l'a vu dans l'étape sept précédente, s'engager dans un marché de niche uniquement pour ses statistiques intéressantes mais sans posséder au moins une des cinq choses de la checklist de l'étape sept, est très certainement un grand mensonge que vous vous faites à vous-même.

Aussi, mon meilleur conseil est de commencer par cette checklist vue à l'étape sept.

A partir de cette checklist, dressez une liste de 20 à 30 marchés de niche, dans le but de trouver quelque chose qui résonne vraiment en vous, dans votre coeur, et pour lesquels vous possédez au minimum une des cinq choses de la checklist (rappel de ces cinq choses: expérience, passion, intérêt, recherche, accès aux experts).

Une fois que vous avez fait cette liste de 20 à 30 niches possibles, vous pouvez vous poser les autres questions de la formule en partant du début.

Vous pouvez vous poser la question de l'étape 1:

Est-ce que le marché est affamé?

Faites passer l'ensemble de votre liste de 20 à 30 marchés de niche par cette question et éliminez les marchés de niches qui ne répondent pas par "oui" à cette question.

Pour ça, demandez-vous si les gens de ces marchés ont actuellement des problèmes primaires ou secondaires à résoudre dont ils cherchent une solution.

Vérifiez, en moins de cinq minutes, s'il y a des produits qui sont vendus dans ces marchés de niche en regardant ce qui se vend sur les plateformes d'affiliation.

Vérifiez aussi qu'il y a des publicités diffusées, notamment sur Google et liés à ces marchés de niche.

Ensuite passez à la question suivante:

Est-ce que le marché est suffisamment grand?

Faites passer les marchés de niche restants que vous n'avez pas encore éliminés par cette question, et gardez les marchés pour lesquels la réponse est "oui".

Pour ça, regardez les nombres de recherches mensuelles pour le mot-clé principal de votre niche en utilisant l'outil Keyword Planner de Google.

Vous pouvez compléter votre recherche par des mots-clés secondaires dans le cas où le mot clé principal ne donne que très peu de recherches et que vous tenez tout de même à vous engager dans cette niche.

Vous pourrez alors additionner les nombres de recherches mensuelles des différents mots-clés d'une niche et voir si ça constitue un nombre suffisant pour vous y engager.

Pendant que vous faites cette recherche avec Keyword Planner, profitez-en aussi pour regarder tout de suite la concurrence (sujet abordé à l'étape 4), ça vous fera gagner du temps. En plus du nombre de recherches mensuelles, regardez aussi pour chaque mot-clé la colonne qui indique si la concurrence est faible, moyenne ou forte.

L'idéal est de trouver le meilleur compromis entre nombre de recherches élevé et compétition la plus faible possible.

Toutefois, gardez en tête que la compétition à ce stade ne doit pas être le critère qui décide si oui ou non vous abandonnez ce marché de niche. La donnée de la concurrence ici doit juste servir d'indication supplémentaire qui fera au final, si vous hésitez entre plusieurs marchés de niche, pencher la balance plus vers l'un ou l'autre.

Pour évaluer si le marché est suffisamment grand, vous pouvez aussi utiliser Google Trends qui vous permettra également de voir comment évolue le marché, s'il croit ou décroit, afin que vous ne vous engagiez pas dans un marché qui n'est en fait qu'un effet de mode temporaire. Ce que vous cherchez, c'est quelque chose qui dure sur le long terme.

Enfin, vous pouvez regarder s'il existe des conversations sur les blogs, forums ou réseaux sociaux ou des sites d'autorité qui parlent des sujets de vos marchés de niche. Savoir si les gens parlent du sujet est une très bonne indication pour évaluer si le marché est grand ou pas.

Ne conservez que les marchés de niche qui répondent par "oui" à cette question, puis passez à la suivante avec votre liste qui s'est peut-être encore rétrécie:

Est-ce que les acheteurs vont acheter en ligne?

Faites de même, gardez les niches de votre liste qui répondent par "oui" à cette question et passez aux questions suivantes en procédant de la même manière:

Pouvez-vous atteindre vos acheteurs?

Y-a-t-il des concurrents dominants?

Pouvez-vous aider vos acheteurs?

Une fois que vous aurez effectué ce raffinage, vous aurez qualifié et vous pourrez en toute confiance vous engager dans tous les marchés de niche qui restent sur votre liste, avec l'assurance de ne pas vous tromper et d'avoir un marché de niche lucratif qui fonctionnera pour vous.

Cette formation touche à sa fin et il reste maintenant à la conclure en page suivante.

CONCLUSION

Au cours de cette formation, vous avez dans une première partie pu comprendre ce qu'était vraiment une niche et pris conscience de deux principes clés importants:

Vous avez pris conscience de l'importance de connaître le profil de vos acheteurs le mieux possible pour être plus efficace, et du fait que choisir un marché de niche en vous basant uniquement sur des nombres ou des statistiques est une énorme erreur.

Ce dernier principe peut à lui seul vous éviter les catastrophes que rencontrent beaucoup de personnes qui débutent en ligne pour créer un blog ou monter un business sur Internet, et qui perdent de nombreux mois ou années pour se rendre compte que leur niche n'est pas faite pour eux.

Vous avez ensuite vu la formule "OX7" détaillée, qui consiste en une série de 7 questions simples qui doivent systématiquement être posées à chaque fois que vous considérez un nouveau marché de niche, et qui vous donneront l'assurance de ne pas vous tromper.

Ces questions intègrent également un certain nombre de techniques et d'outils gratuits qui vous permettent d'y répondre rapidement, en seulement quelques minutes grâce à une approche pratique et efficace qui vous donnera toutes les données chiffrées dont vous avez réellement besoin.

Vous économisez ainsi beaucoup de temps et d'argent en vous évitant de payer pour des outils ou des études qui vous donneront un tas de données dont vous n'avez pas réellement besoin pour choisir votre marché de niche.

Enfin, le tout a été récapitulé dans un plan d'action pratique destiné à vous simplifier les choses encore plus, et que vous pouvez appliquer dès maintenant.

Vous connaissez désormais tout ce qu'il y a à savoir pour choisir une niche lucrative sans vous tromper, et créer un business solide dans cette niche à court terme mais aussi à long terme.

Vous aurez l'assurance que vous ne perdrez plus des mois ou des années en efforts inutiles à créer des articles, des produits, des sites web dans une niche qui ne vous rapportera rien.

Ainsi, au lieu de tout recommencer après un an par un mauvais choix de niche comme le font beaucoup de débutants, vous pourrez utiliser ce temps pour créer par exemple chaque mois un nouveau business autour d'une nouvelle niche qui va fonctionner du premier coup pour vous, et ainsi bâtir au fil des mois une véritable fortune au travers de multiples sources de rentrées d'argent.

Imaginez un peu le potentiel au bout de 12 mois si vous créez chaque mois ne serait-ce qu'un nouveau business qui vous rapporte 500 euros par mois. Vous pourrez dans ce cas atteindre par le cumul de vos affaires en l'espace d'un an un revenu mensuel total de 12 x 500 = 6000 euros.

D'ailleurs, de nombreux marketeurs Internet fonctionnent comme ça. Ils choisissent une niche lucrative et montent un blog avec une vingtaine ou une trentaine d'articles en un mois ou moins, sur lequel ils vendent un ou plusieurs produits qu'ils créent ou qu'ils proposent en affiliation.

Ensuite, ils achètent de la publicité pour amener des visiteurs sur leur blog. Cette publicité se rembourse automatiquement avec les ventes qu'ils font sur le blog, et ils gardent le reste comme profit.

S'ils se rendent compte qu'avec 20 euros de publicité par exemple sur Facebook ils vendent en moyenne un produit à 97 euros, c'est directement 77 euros de bénéfice qu'ils se mettent dans la poche.

Ils peuvent alors progressivement augmenter la mise et dépenser 200 euros de publicité pour avoir 970 euros de ventes et se mettre 770 euros dans la poche. Vous voyez la puissance de ces systèmes?

Désormais, vous aussi pouvez choisir de tels marchés de niche qui se révèlent être de vraies poules aux oeufs d'or, et ne plus faire comme les débutants qui choisissent le mauvais marché, et qui ensuite se découragent et arrêtent tout, pensant que le business sur Internet n'est pas fait pour eux.

Ils gâchent ainsi cette immense et magnifique opportunité de réussite et d'indépendance financière qu'offre Internet.

Rappelez-vous toujours ceci:

"Tout est possible."

Peu importe dans quel endroit du globe vous vivez, et peu importe votre passé ou les choses difficiles que vous avez vécues.

Trouver une ou plusieurs niches dans lesquelles vous aurez du succès est possible pour vous aussi. Quelque chose qui n'est pas seulement lucratif, mais quelque chose que vous aimez faire.

C'est pour ça qu'il est essentiel, comme évoqué dans le plan d'action précédent, de commencer par la checklist de l'étape sept.

Si vous commencez par cette checklist, alors vous trouverez des marchés de niche qui résonnent réellement en vous.

Ensuite seulement vous pourrez vous intéresser aux aspects chiffres et statistiques pour éliminer ou non certaines choses, mais ne commencez jamais par les analyses chiffrées mais par cette checklist.

Suivez votre coeur, et ensuite laissez votre mental faire le reste et toutes les analyses.

N'oubliez pas que le marketing de niche est incroyablement puissant, et je suis convaincu que vous pouvez en être un acteur brillant.

Tout est possible donc foncez, et trouvez votre niche lucrative sans vous tromper.

A PROPOS DE L'AUTEUR

Rémy Roulier est un ancien ingénieur informatique et responsable marketing dans une multinationale. Il est aujourd'hui digital nomad et voyage partout dans le monde, et a acquis depuis plus de dix ans une véritable expertise dans le marketing internet et le développement personnel.

Il partage aujourd'hui ses outils et son expérience pour permettre aux autres d'atteindre également leur indépendance financière et de façonner leur vie telle qu'ils la désirent vraiment.

CRÉATIONS DU MÊME AUTEUR

Retrouvez mes nombreuses créations directement sur Amazon.

En voici aussi quelques-unes qui peuvent vous servir :

TITRES QUI VENDENT:
DANS 47 MINUTES VOUS ECRIREZ DES TITRES FACEBOOK, ADWORDS, BLOG, PAGE DE VENTE, EMAIL COMME UN PRO DU COPYWRITING!
Découvrez les secrets et les 101 meilleurs templates pour créer des titres chocs qui vont vous rapporter (très) gros, et acquérir les compétences des meilleurs copywriters en seulement 47 minutes!

ECRIRE UN EBOOK IRRESISTIBLE EN UN WEEK-END:
LA NOUVELLE METHODE POUR ECRIRE UN LIVRE QUE LES LECTEURS ADORENT, PRET A VENDRE LUNDI MATIN.
Laissez-vous guider par une procédure simple et d'une efficacité redoutable pour créer en seulement un week-end un ebook que les gens vont s'arracher, même si vous n'êtes pas expert dans un domaine.

DEVENIR RICHE EN 42 JOURS:
LA METHODE PAS-A-PAS POUR.GAGNER DE L'ARGENT SUR INTERNET ET
VIVRE SES REVES EN PARTANT DE RIEN.

Une méthode prouvée qui vous guide pas-à-pas et vous permet d'atteindre votre indépendance financière en 42 jours grâce à Internet, même si vous démarrez actuellement de rien. Un must à ne pas manquer.

VOTRE PREMIER SMIC SUR INTERNET EN 72 HEURES:
LE SYSTEME INEDIT LE PLUS RAPIDE POUR GAGNER DE L'ARGENT SUR
INTERNET QUAND ON N'A PAS LE TEMPS ET GENERER 1200 EUROS EN 3
JOURS SANS CREER DE PRODUIT.

Une méthode inédite pour générer vos premiers 1200 euros en ligne en seulement 3 jours et sans créer de produit. A posséder absolument pour tous ceux qui n'ont plus le temps ou qui ont déjà tout essayé pour gagner de l'argent sur Internet. Cette méthode va tout changer.

www.ingramcontent.com/pod-product-compliance
Lightning Source LLC
Chambersburg PA
CBHW070403190526
45169CB00003B/1087